O PENTEADO *ideal*

Quantas vezes não fechamos os olhos e imaginamos alguns momentos do casamento? Nesta cena, tudo deve estar impecável: a organização dos convidados, a decoração do local, o vestido de noiva e, claro, o penteado. Nesse instante, surgem inúmeras dúvidas: "Solto, preso ou semipreso?"; "Usar tiara, presilha, flores, véu ou mantilha?"; "Apostar no clássico ou inovar com um penteado mais atual"?

Pensando em todas essas dúvidas, decidimos selecionar penteados irresistíveis para o "dia do sim". Mas vale lembrar que, para começo de conversa, alguns pontos principais devem ser esclarecidos. Diante disso, junto a seu cabeleireiro, responda às seguintes perguntas:

Onde será realizada a cerimônia? Será em um local fechado ou uma área externa, como praia ou campo?

Que horário será a celebração?

Como é o seu vestido de noiva? Tem muita informação? O decote é como?

Que tipo de penteado valoriza mais a beleza de seu rosto?

Com essas informações em mãos, ficará muito mais simples escolher o penteado ideal para ir ao altar. Não tenha pressa, avalie, pense e, depois, decida. Faça essa escolha junto a um profissional de beleza. Com toda expertise dele, ficará ainda mais fácil tomar a decisão. Assim, vire a página e inspire-se em diversos tipos de penteado. Um certamente irá surpreender você!

Um beijo,
Aline Ribeiro
redacao@editoraonline.com.br

CAPA
Foto: Mônica Antunes
Produção: Luciana Pissinate
Beleza: Paulo Persil
Vestido: Belle Sposa
Arrajo de cabelo: Renata Bernardo
Brincos: Keiko
Arte: Giselly Motta

GUIA DE CABELOS PARA NOIVAS

54

ELES *fazem* A DIFERENÇA

Romântico, clássico, moderno, discreto, ousado, delicado... Seja qual for o seu estilo, existe um acessório que vai "fazer a sua cabeça"

O véu tem a vantagem de poder ser utilizado de várias maneiras. Neste look, o acessório com a lateral bordada, ao ser ajustado à testa, fez as vezes de uma touca, que prendeu os cachos obtidos com o babyliss médio e soltos com os dedos. Um broche serviu para prender o adereço, mas uma flor de tecido também pode ser uma ótima alternativa.
Véu: Belle Sposa./
Brincos: Linda's./
Vestido: Talento Noivas.

A tiara de flores cravejada de strass evita que os cabelos caiam sobre o rosto. Para ganhar um ar mais natural, os cachos foram soltos com os dedos, enquanto a tiara era aplicada rente à testa. Ao puxar os fios para trás, prendendo-os com grampos, formaram-se ondas que garantiram leveza ao visual.
Brincos e tiara de strass: Gláucia Collection./ Corpete: Ilha das Noivas.

Fácil de fazer, mas não menos requintada, esta produção é perfeita para cerimônias realizadas durante o dia, principalmente na praia ou no campo. Os cabelos foram modelados para a lateral e finalizados pelo arranjo de flores de tecido.
Arranjo: Daisy & Ruth./ Brincos: Linda's./ Vestido: Talento Noivas.

O tradicional coque ficou ainda mais sofisticado com o complemento das garras, que podem ser aliadas ao véu no momento da cerimônia e garantem o visual impecável mesmo se estiverem "sozinhas" durante a festa.
Brincos e garra: Belle Sposa./ Vestido: Talento Noivas.

Os pins valorizaram a produção que faz referência ao estilo "moicano". Depois da escova lisa, duas linhas verticais dividiram os cabelos em três partes. Em cada uma das laterais foram feitas duas tranças embutidas. O restante dos fios ficou preso na parte de trás da cabeça, em um rabo de cavalo baixo.
Pins e brincos: Regimille./ Corpete: Ilha das Noivas.

O chapéu é uma ótima opção para casamentos realizados ao ar livre, pois, além de conferir um visual cheio de charme, protege do sol. Uma escova lisa, seguida de piastra, permitiu que os cabelos ficassem soltos e atrás das orelhas, finalizados pelo adereço.
Chapéu: Daisy & Ruth.

Lisas, duas pequenas mechas da frente permaneceram separadas, uma de cada lado, enquanto o restante dos cabelos foi desfiado na raiz, aumentando o volume para que a coroa fosse presa no centro da cabeça. O babyliss ajudou a modelar as pontas.
Coroa e brincos: Sì! Sposa./ Corpete: Belle Sposa.

Texto: Kelen Trevisan/ Foto: Manoel Carvalho/ Produção: Luciana Pissinate/ Cabelo e maquiagem: Cristiano Silva

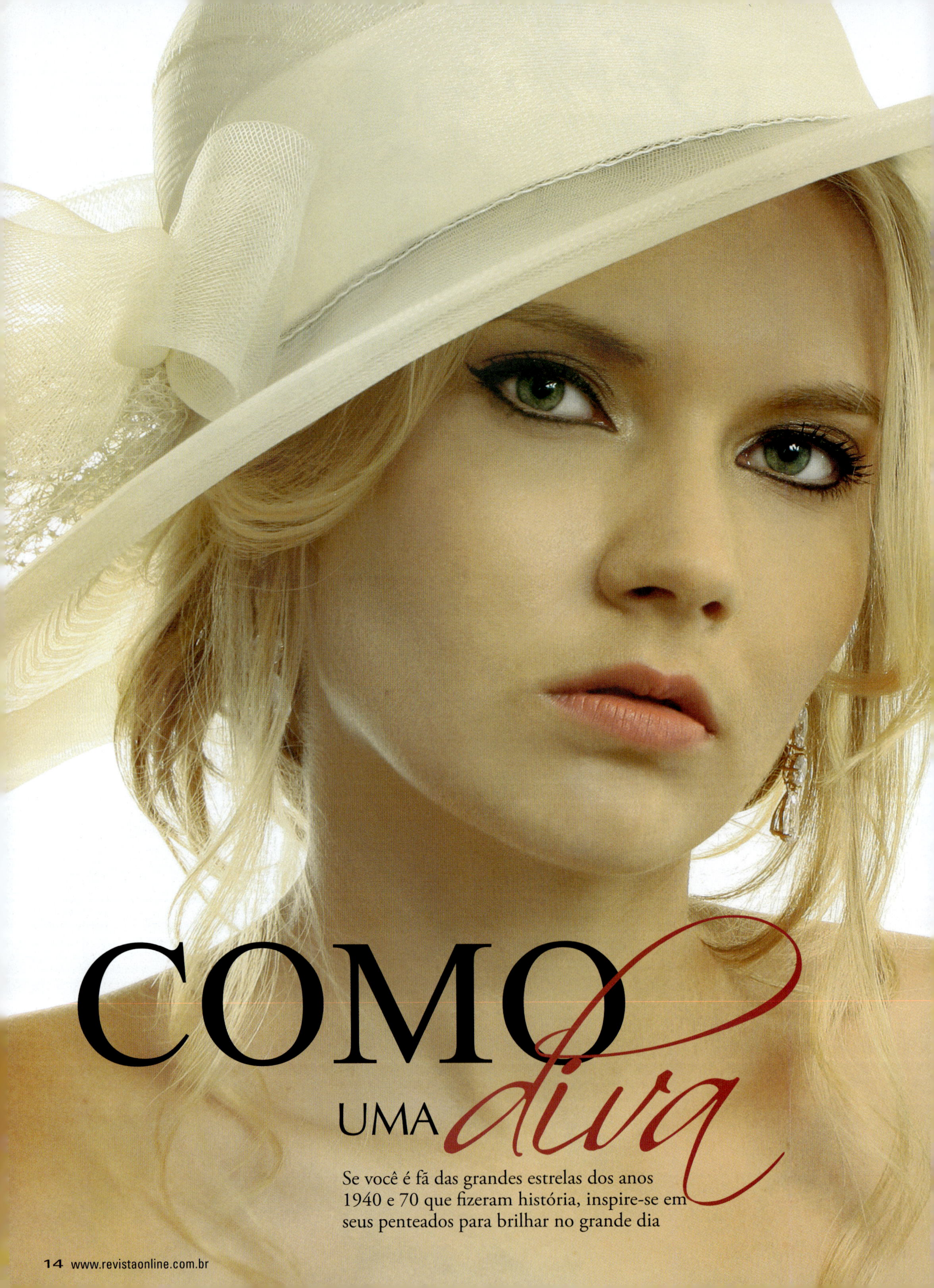

COMO UMA *diva*

Se você é fã das grandes estrelas dos anos 1940 e 70 que fizeram história, inspire-se em seus penteados para brilhar no grande dia

À FRANCESA

A atriz francesa Brigitte Bardot, símbolo sexual das décadas de 1960 e 1970 e uma apaixonada pela cidade de Búzios, no Rio de Janeiro, ficou conhecida pelas suas lindas e longas madeixas loiras. Presas ou soltas, sempre foram usadas aneladas e no melhor estilo "não arrumei os cabelos e estou maravilhosa".
Chapéu: Daisy & Ruth./ Brincos: Morana.

TRADICIONALÍSSIMA

A atriz italiana de olhos marcados Sophia Loren não dispensa as madeixas lisas e com volume, usadas até os dias de hoje. O tradicional coque banana é o seu preferido e ganhou popularidade nas festas noturnas dos anos 1960.
Arranjo: Solaine Picolli./ Brincos: Telma Monteiro.

MUITO GLAMOUR

Sinônimo de beleza, sensualidade e glamour, a inesquecível Marilyn Monroe encantou o mundo com seus cachos loiros platinados e o seu jeito espevitado. Os cabelos perfeitamente anelados e com topete na franja são inconfundíveis. **Arranjo: La Dumaux./ Brincos: Tutti Sposa./ Vestido e bolero: Belle Sposa.**

Texto: Lígia Bazotti/ Foto: Vivi Pelissari/ Produção: Roberta Gasparini e Marcela Kalckmann/ Cabelo: Paulo Dutra/ Maquiagem: Renata Boschin e Vanessa Loricchio /

BONEQUINHA DE LUXO

Quem não se lembra da cena do filme no qual Audrey Hepburn interpretou uma garota de programa que admirava a vitrine da joalheria Tiffany'? Completamente diferente das loiras que fizeram sucesso nos anos 1950 e 1960, a morena belga mostrou que veio para mudar os padrões de beleza da época. Seus cabelos sempre presos em coques perfeitamente torcidos e desenhados, se tornaram uma marca registrada. **Arranjo: La Dumaux./ Colar e luvas: Telma Monteiro./ Vestido: Tutti Sposa.**

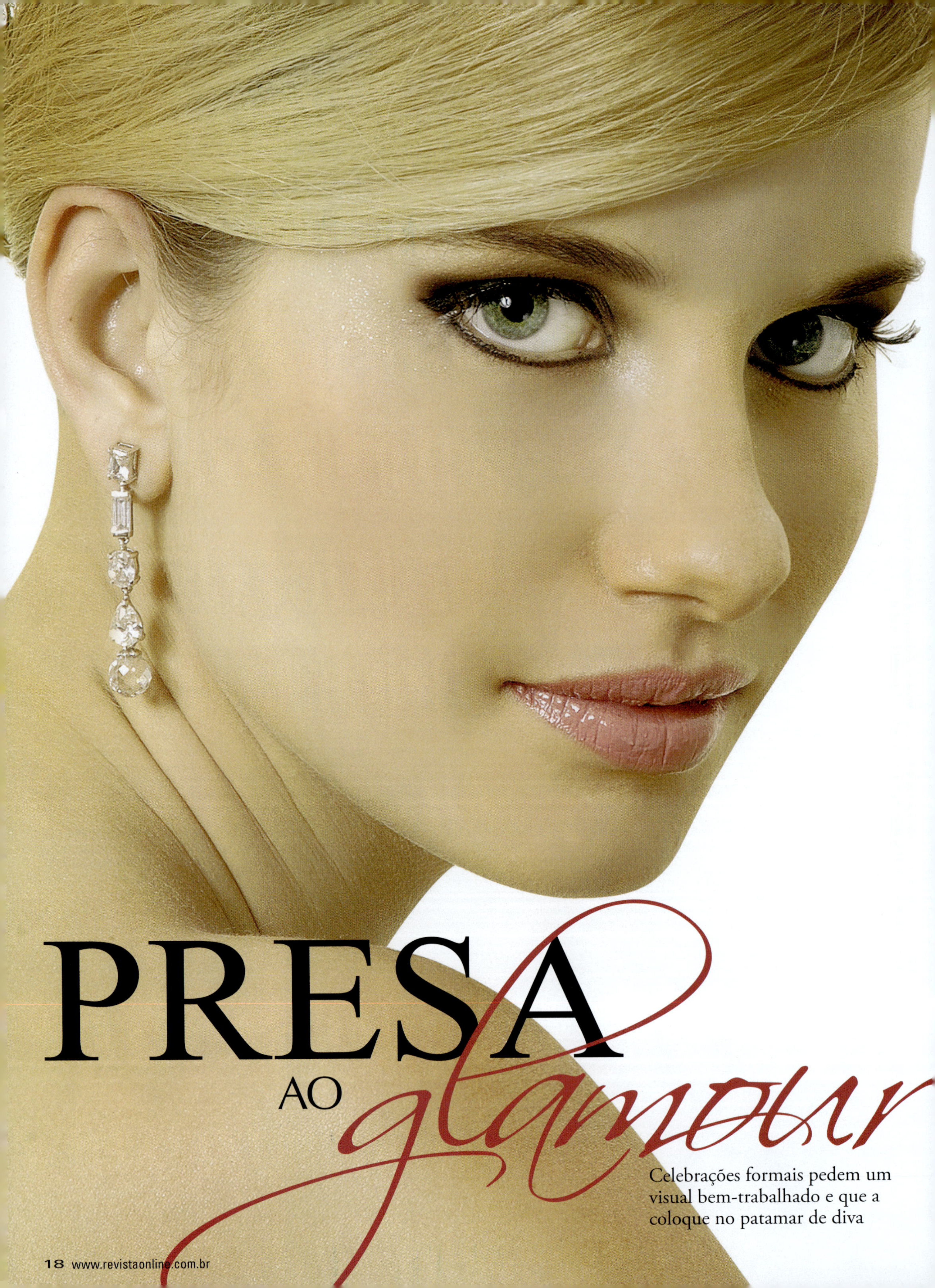

PRESA AO *glamour*

Celebrações formais pedem um visual bem-trabalhado e que a coloque no patamar de diva

Para retirar a seriedade do coque chingon, esta produção contou com um moderno acessório de cristais, miçangas e plumas.
Brincos: J. J. Cabeleireiros. Arranjo: Belle Alta Moda Sposa. Cabelo: P. C. Reis (J. J. Cabeleireiros).

Perfeito para esconder "orelhas de abano", este look foi elaborado de maneira que os fios ficassem sobrepostos às orelhas.
Brincos: acervo./ Arranjo: Belle Sposa.

Uma verdadeira estrela de cinema. Assim ficará a noiva que optar por este sofisticado penteado, que, para ser composto, precisou de uma escova lisa reforçada por bóbis.
Brincos: Gláucia Collection./ Arranjos: Daisy & Ruth.

Indicada para a noiva que busca um visual discreto, a proposta da página ao lado também pode ser adotada pelas madrinhas que fazem a linha clean.
Brincos: acervo.

Este rebuscado coque é perfeito para quem deseja deixar o rosto em evidência.
Brincos: Gláucia Collection./
Arranjo: Belle Sposa.

Perfeita para uma cerimônia requintada, a sugestão da página ao lado com um arranjo de strass, que deixou o look repleto de luz.
Brincos: Gláucia Collection./
Arranjo: Daisy & Ruth.

Texto: Eloisa Rangel/ Foto: Moisés Pazianotto/ Produção: Aldeline Carbonari/ Cabelo: P. C. Reis e Madalena Ribeiro Maquiagem: José Luiz Freire (J. J. Cabelereiros)

BELEZA *natural*

Para não ofuscar o charme dos cabelos crespos, confira opções que deixam de lado a escova e a chapinha

Sofisticado, este look consiste apenas na modelagem de um rabo de cavalo alto transformado, posteriormente, em um coque volumoso. **Brincos e garra: Regimille.**

Clean, esta sugestão segue a premissa de que "menos é mais" e tem no topete volumoso o seu principal destaque. **Arranjo e brincos: Bella Golzer.**

Na página ao lado, para que os fios não perdessem o volume e os pequenos cachos, as madeixas, depois de lavadas, foram modeladas com as mãos e uma pequena quantidade de pomada estilizante. **Arranjo: Regimille./ Brincos: Edelweis.**

Texto: Eloisa Rangel/ Foto: Manoel Carvalho/ Produção: Aldeline Carbonari/ Cabelo e maquiagem: Cristiano Silva/ Corpete: Center Noivas

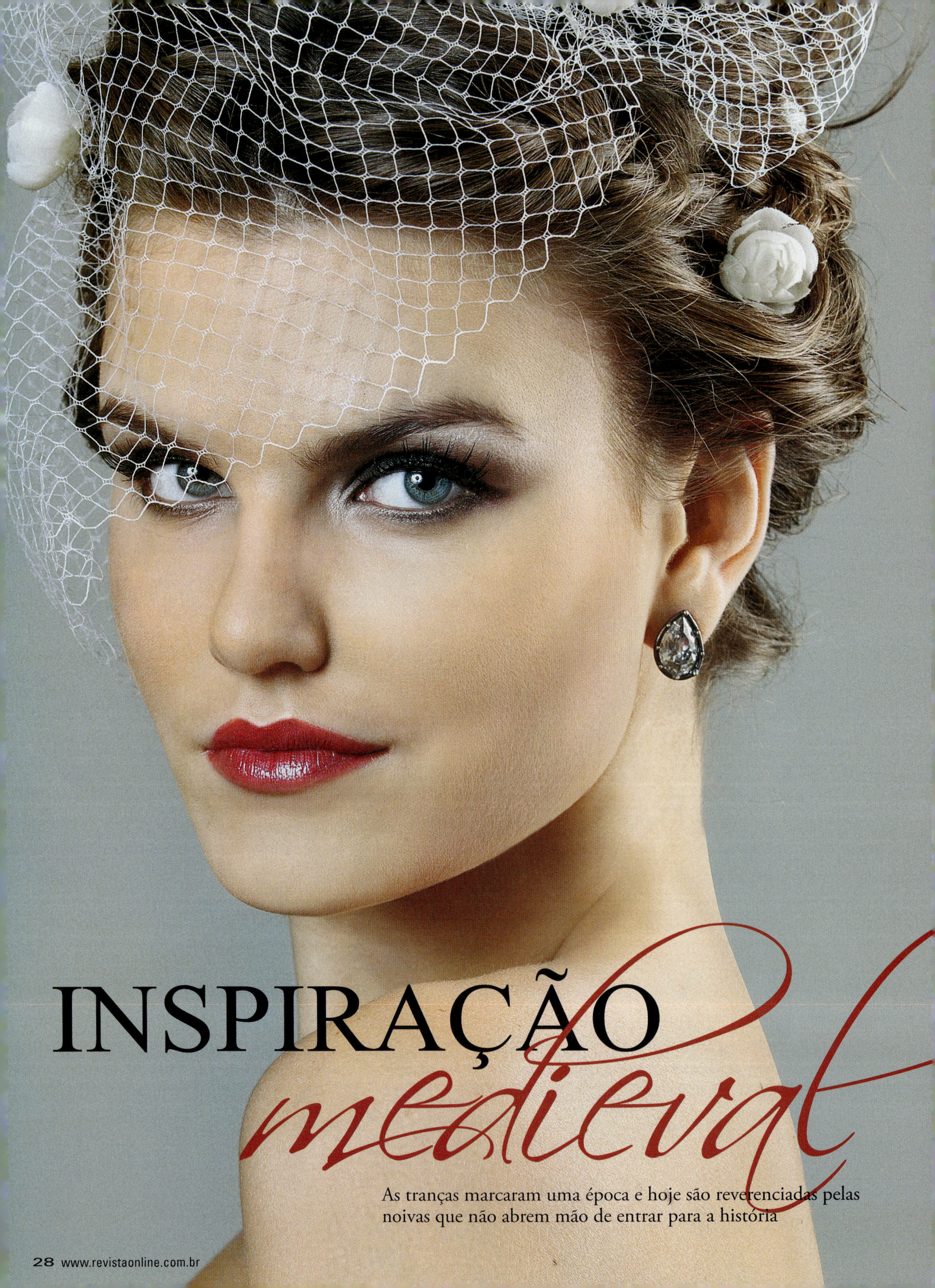

INSPIRAÇÃO *medieval*

As tranças marcaram uma época e hoje são reverenciadas pelas noivas que não abrem mão de entrar para a história

COQUE TRANÇADO

O cabelo foi ondulado com babyliss e preso em um coque alto. A base do cabelo foi desfiada e envolvida por tranças desconexas. Um voilete deu um toque retrorromântico ao visual junto às miniflores de tecido por toda a raiz.

Acessório de cabelo: Daisy & Ruth./ Brincos: Atelier Marco Apollonio./ Vestido: Belle Sposa.

TRANÇA LATERAL

As madeixas foram escovadas e jogadas para a lateral. Em um rabo baixo foi feita uma trança larga, que recebeu aplique para dar mais volume. Os acessórios de prata foram colocados em dois pontos: na cabeça e no comprimento, para valorizar os fios.

Acessórios de cabelo: Atelier Marco Apollonio./ Brincos e vestido: Belle Sposa.

TRANÇA GREGA

Para ganhar um efeito leve, o cabelo foi enrolado em pequenos cachos e, depois, suavemente desfiado. Duas tranças foram feitas nas laterais e unidas em apenas um lado da cabeça, criando um efeito assimétrico. A headband finaliza o penteado com a fita entrelaçada no comprimento.
Acessório de cabelo e brincos: Atelier Marco Apollonio./ Vestido: Belle Sposa.

Assistentes: Rose Persil e Arnaldo Demetrio/ Maquiagem: Ulisses Cruz.

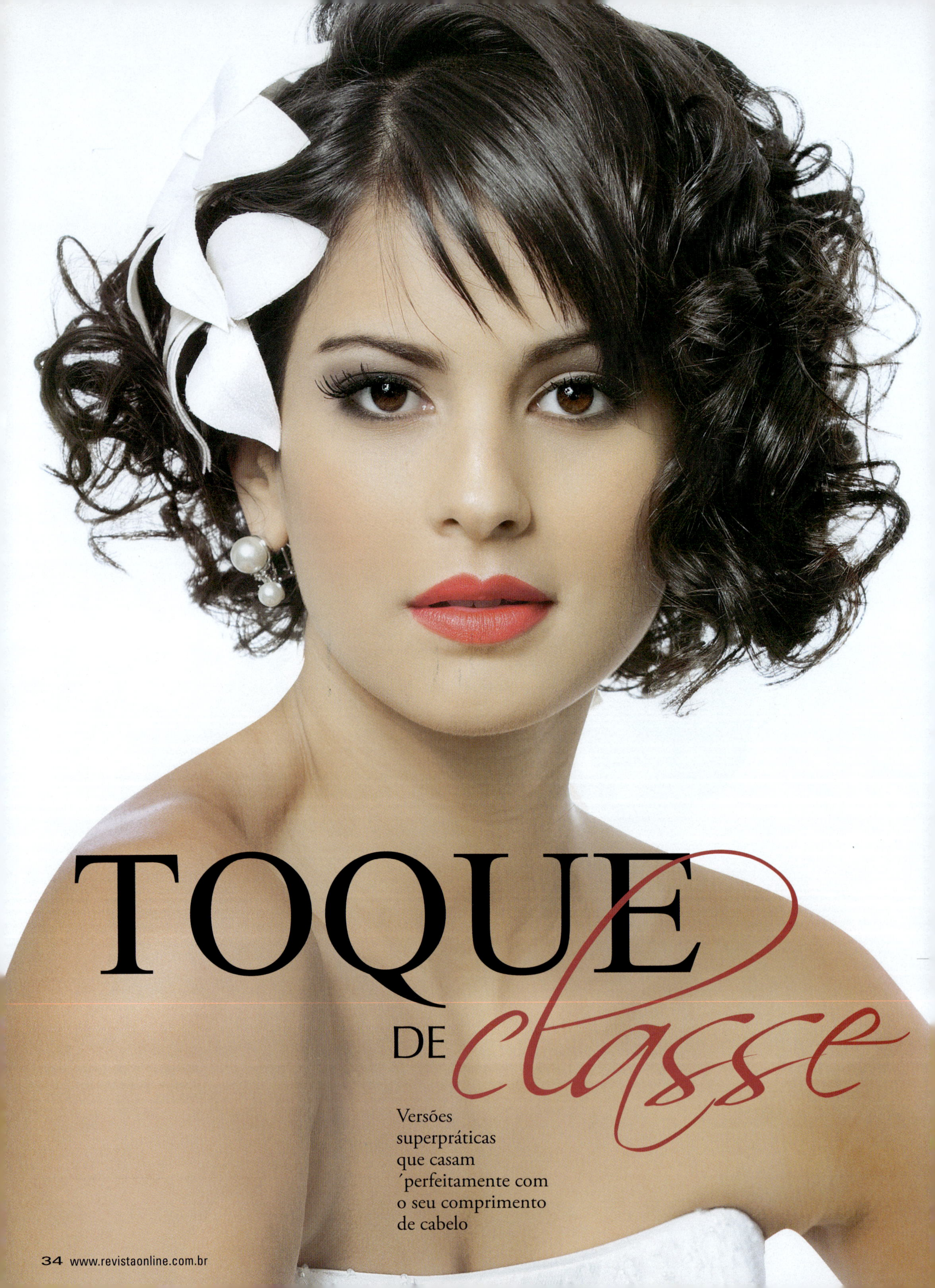

TOQUE DE *classe*

Versões superpráticas que casam ´perfeitamente com o seu comprimento de cabelo

CURTO COM TIARA

As madeixas foram preparadas com babyliss de ondas pequenas e tiveram a estrutura desfiada com uma franja lateral. O cabelo foi preso e arrematado com uma tiara em fios de pérolas e cristais.
Arranjo de cabelo e brincos: Bella Golzer./ Vestido: Belle Sposa.

CURTO COM FLOR

Os fios curtos foram marcados com babyliss de ondas pequenas e ganharam uma versão chanel, levemente jogados para a lateral e arrematados com um arranjo de flor. Os cachos foram soltos com as pontas dos dedos e definidos com pomada.
Arranjo de cabelo: Bella Golzer./ Acessórios: Phillipines./ Vestido: Belle Sposa.

LONGO COM FLOR

Com as madeixas escovadas e marcadas com ondas leves, fez-se um rabo lateral descontraído, arrematado com uma flor de tecido.
Arranjo de cabelo: Daisy & Ruth./ Brincos: Morana./ Vestido: Impression.

LONGO COM TIARA

Os fios foram escovados e marcados com babyliss de ondas largas, criando cachos volumosos. Repartidos ao meio, ganharam tiaras de cristais e miniflores.
Arranjo de cabelo: Bella Golzer./ Vestido: Impression.

MÉDIO COM GARRAS

Preparados com babyliss, os cachos foram soltos com os dedos e presos sobre a nuca em um coque baixo e assimétrico, adornado com garras de strass.
Arranjo de cabelo: Daisy & Ruth./ Brincos: Camila Klein./ Vestido: Belle Sposa.

MÉDIO COM TIARA

Depois de modelados com babyliss de ondas médias, os cachos foram soltos com os dedos, deixando o visual mais natural. No penteado falso-preso, a raiz foi levemente levantada e os fios receberam uma tiara.
Arranjo de cabelo: Casa Vasconcellos./ Brincos: Bella Golzer./ Vestido: Belle Sposa.

Texto: Luciana Albuquerque/ Foto: Adriano Campos/ Produção: Luciana Tisse-nate/ Cabelo: Paulo Persil/ Maquiagem: Orlando Roseto e Ivan Gimenez

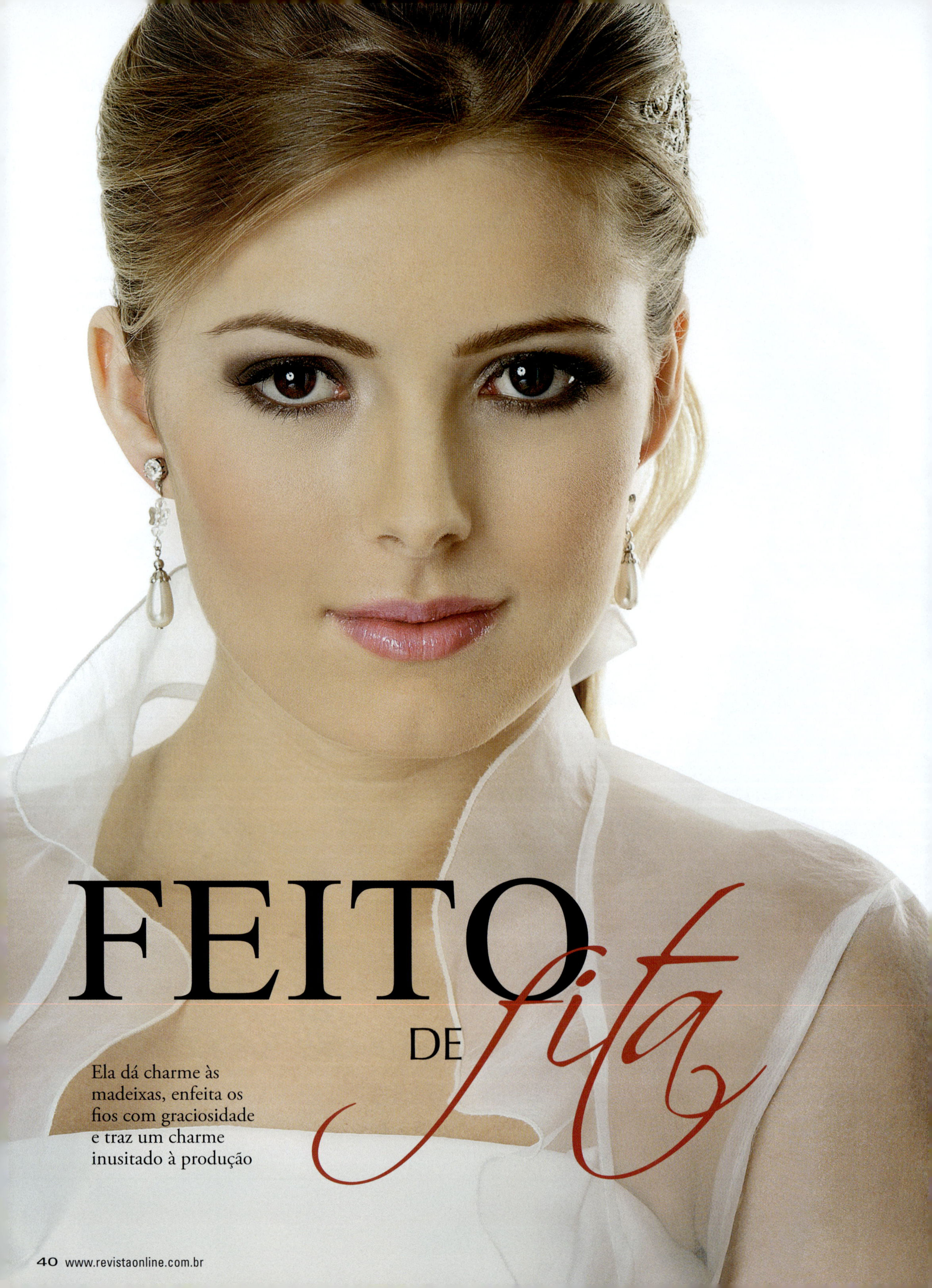

FEITO DE *fita*

Ela dá charme às madeixas, enfeita os fios com graciosidade e traz um charme inusitado à produção

RABO DE CAVALO

A raiz do cabelo foi levantada e jogada para trás junto às laterais do cabelo, que teve os fios entrelaçados e presos em um rabo de cavalo. Em seguida, as madeixas escovadas ganharam leves ondas criadas com babyliss. Um arranjo de libélula e uma fita na lateral completam o look com muito charme.

SEMIPRESO

Inspirado nos anos 1980, este look transmite suavidade e romantismo. Com ondas largas e definidas com babyliss, os fios foram colocados para a lateral, mantendo a raiz levemente levantada. Para finalizar o penteado, uma faixa com duas flores de tule de tela funcionou como tiara.

TRANÇADO

O cabelo foi escovado e recebeu bóbis que criaram um efeito de volume. Com a raiz alta e deixada para trás, o penteado começou com uma trança embutida e foi finalizado com uma trança livre, colocada para a lateral e entrelaçada com uma fita de aplicações de flores.
Acessório de cabelo e brincos: Bella Golzer./ Vestido: Black Tie.

Texto: Luciana Albuquerque/ Fotos: Adriano Campos/ Produção: Luciana Pissinate/ Cabelo: Paulo Persil (Persil & Co)/ Maquiagem: Ulisses Cruz (Persil & Co)/ Modelo: Jéssica Schimidt (Monica Monteiro)

O CHARME DOS *curtos*

Surpreenda-se com a versatilidade de suas madeixas e as composições que elas são capazes de criar com apliques e adereços multifuncionais

CHANEL MODERNO

O clássico corte em estilo carré, com fios retos escovados e finalizados com prancha, criou um efeito bem liso. O penteado valorizou o charme próprio do cabelo Chanel, que tem a nuca batida e a franja irregular. Para completar, uma faixa com aplicações de flores em forma de tiara.

Acessório de cabelo: Black Tie./ Brincos: Bella Golzer./ Vestido: Black Tie.

CACHOS DESCONECTADOS

O cabelo curto recebeu babyliss de ondas pequenas e um aplique, ótima opção para quem quer alongar os fios no dia do casamento. Com a raiz levemente alta e jogada para trás, as madeixas foram presas de forma displicente e arrematadas com um ramo de flores. **Acessório de cabelo: Black Tie./ Brincos: Bella Golzer./ Vestido: Black Tie.**

CURTO ESTILOSO

O cabelo foi marcado com babyliss de ondas pequenas e trabalhado com um pouco de cera modeladora. A franja lisa foi jogada para a lateral, e a parte de trás, desfiada em um estilo mais moderno. O penteado foi finalizado com spray seco e suave e ganhou uma tiara com casquete. **Acessório de cabelo: Black Tie./ Brincos: acervo./ Vestido: Belle Sposa.**

NEGRA

O cabelo foi marcado em ondas e preso em um coque lateral. O efeito ventania ganhou laços para decorar. **Anel e brincos: Erica Amato./ Vestido: Belle Sposa./ Arranjo: Paulo Persil./**

NEGRA

Aqui, uma certa ousadia no penteado realçado com babyliss fino para aprimorar o caimento natural. Os cabelos foram levemente presos para perder o volume e arrematados com casquete de flor e renda. **Vestido: Black Tie./ Casquete: Daisy & Ruth.**

Texto: Luciana Albuquerque/ Foto: Adriano Campos/ Produção: Luciana Pissinate/ Assistente de produção: Luciana Monzillo/ Cabelo e maquiagem: Orlando Rosseto e Ulisses Cruz./ Cabelo: Paulo Persil

A SUA *maneira*

Quem disse que é preciso ser tradicional para se vestir de branco e subir ao altar? Manter o seu estilo e é tão importante quanto dizer "sim" ao amor da sua vida. Faça tudo do seu jeito, sem medo de arriscar

OUSADA

As madeixas enroladas com o babyliss largo nas pontas e presas de forma circular no topo da cabeça ficam irreverentes e muito charmosas. Para arrematar e sustentar o penteado, foi colocada uma faixa entre a testa e a raiz.
Faixa: Bella Golzer.
Vestido: Black Tie.
Brincos: Edelweis.

SEXY

Os fios foram enrolados com um babyliss largo e soltos com as pontas dos dedos. Para modelá-los, basta usar um spray fixador. Uma das laterais do cabelo foi presa no alto e arrematada com um arranjo de plumas.
Arranjo e corpete: Belle Sposa.
Brincos: Bella Golzer.

HIPPIE

Os fios anelados com babyliss largo e enfeitados com uma coroa de flores naturais e coloridas ficam na medida certa para um casamento ao ar livre, seja de manhã, à tarde ou à noite. Embora o penteado seja simples, não perde o requinte pedido pela ocasião. **Coroa de flores: A Montanhesa Design Floral. Corpete: Belle Sposa.**

ROCKER

Para montar o visual, após uma escova lisa, desfie os fios do topo da cabeça e penteie-os para trás com os fios laterais e prenda com grampos. Para incrementar, acrescente fivelas de prata com zircônia, que são delicadas e modernas. O penteado pode ainda acompanhar um véu preso a partir do centro da cabeça.

Fivela: Daisy e Ruth.
Corpete: Belle Sposa.
Brincos: Camila Klein.

Texto: Lígia Bazotti/ Foto: Viviane Pelissari e Juliana Ayres/ Produção: Roberta Gasparini/ Cabelo: Paulo Persil (Persil & Co.)/ Maquiagem: Cristiano Silva

É TEMPO DE *flores*

Delicadas e extremamente femininas, as flores exalam beleza e garantem romantismo na medida certa para a sua produção

Depois de passar pelo babyliss médio, os cabelos desta página compuseram um coque alto. A franja, que permaneceu separada, foi modelada para um dos lados, simulando um suave topete. O destaque do penteado, porém, ficou para as duas minirrosas colocadas no topo da cabeça.
Vestido: Nova Noiva.
Brincos: Bella Golzer.

Após receberem por todo o comprimento o babyliss médio, os cabelos foram modelados com spray e com os dedos, para obter mais volume e movimento. Alstroemérias presas com grampos destacam as ondas criadas nos fios.
Vestido: Nova Noiva.
Brincos: Bella Golzer.

Os cabelos naturalmente cacheados ganharam ondas mais definidas após passarem pelo babyliss fino. Os fios da parte da frente deram origem a um topete displicente, e o restante foi preso em um rabo de cavalo lateral. Um lírio, disposto no contrário ao arremate, conferiu charme. **Brincos: Bella Golzer.**

As madeixas tiveram os cachos remodelados com a ajuda de um babyliss fino; em seguida, foram penteadas para trás, onde, presas aleatoriamente, originaram um coque displicente. O toque inovador ficou para a fileira de flores que, ao lado de alguns cachos soltos, tornou a produção mais suave.
Brincos: Bella Golzer.

Os cabelos receberam uma escova lisa e, em seguida, adquiriram cachos largos com a aplicação do babyliss grosso. Os mesmos foram divididos por uma risca vertical desenhada no topo da cabeça. Todos os fios deram, então, forma a um coque lateral que, depois de arrematado com grampos, ganhou a companhia de uma rosa branca.
Vestido: Nova Noiva.
Brincos: Bella Golzer.

Originalmente ondulados, os cabelos ao lado tiveram os cachos evidenciados com a ajuda de um babyliss fino. Posteriormente, as madeixas foram penteadas para o lado, para que, então, a gérbera fosse fixada com grampos. Para finalizar, algumas borrifadas de spray garantiram a durabilidade do look, ideal para cerimônias matutinas e ao ar livre.
Flor: acervo.

Texto: Eloisa Rangel/ Foto: Manoel Carvalho/ Produção: Luciana Pissinate/ Cabelo e Maquiagem: Cristiano Silva

A MODA É *entrelaçar*

Simples, embutida, torcidinha, em coque ou tiara, há muitas formas de trançar os cabelos. Encontre o penteado que mais combina com você e abuse dessa tendência

Desde a frente até a metade da cabeça, as mechas foram separadas, torcidas e fixadas com spray. As pontas dessas mechas torcidinhas alimentaram a clássica trança embutida, formada pelo restante do cabelo. Fica lindo se for usado em um casamento diurno, principalmente no campo. Os pins florais também combinam com a proposta de casamento campestre.
Pins e brincos: Regimille. Vestido: Maison das Noivas.

Cabelo: Maria Ribeiro/ Maquiagem: José Luiz Freire

A trança deste penteado é uma variação em que a trama fica mais folgada. As mechas laterais são usadas para fazer o trançado no topo e na parte de trás da cabeça, mantendo as pontas cacheadas com babyliss de ondas médias. Este penteado funciona melhor em cabelos cacheados, de textura mais firme, pois a estrutura dos fios proporciona melhor sustentação.
Pins: acervo.
Brincos: Regimille.
Vestido: Belle Sposa.

Cabelo: Tchello Pacheco/ Maquiagem: José Luiz Freire

A partir de um rabo de cavalo prendendo a metade do cabelo, da linha da orelha para baixo, as mechas frontais foram divididas em duas partes. Uma delas gerou um franjão lateral e a outra parte foi trançada. No arremate, ambas foram enroladas sobre o elástico do rabo. Em seguida, o cabelo preso foi trançado até a metade do comprimento e fixado para dentro, formando um arco.
Flor: Socorro e Cecília.
Brincos: Regimille.

Cabelo: Rosa Pardelli/ Maquiagem: Andréa Malagoni

Cabelo: Alexandre Pinheiro/ Maqui

Duas tranças foram feitas apenas de um lado da cabeça. Depois, os fios posicionados na nuca foram presos em forma de rabo de cavalo. Os cabelos que restaram do lado oposto às tranças foram divididos em três mechas e desfiados do meio para as pontas, a fim de compor o desenho do coque lateral, que foi arrematado com as trancinhas e os acessórios.
Pins: e brincos: Regimille.

Duas porções finas das laterais, desde a altura dos olhos até a nuca, são trançadas sobrepondo o restante dos fios. A simplicidade é a tônica deste penteado, porém, ele ganha maior destaque se o cabelo tiver mechas ou luzes e permite maior ousadia na escolha do arranjo que, nesta proposta, envolve metade da cabeça com vários pontos de strass. Não esqueça de caprichar no arremate da trancinha.
Acessórios e brincos: Regimille.
Vestido: Belle Sposa.

Cabelo: Maria Natividade/ Maquiagem: Cássio Bercelino

Cabelo: Tchello Pacheco/ Maquiagem: José Luiz Freire

Desta vez, a trança embutida é o miolo do penteado. É composta pela porção central do cabelo e feita desde a parte da frente até a metade da cabeça. As mechas da nuca foram presas em meia banana, utilizando as pontas para sobrepor a trança de forma despojada, deixando os fios aparentes. Garras completam o look. **Acessório de cabelo e brincos: Regimille.**

O cabelo foi dividido em três partes da testa até a nuca, para formar a base. O topete foi enrolado com bóbis largos para ser desfiado e preso. Em seguida, as pontas que restaram da trança e a mecha central da cabeça foram unidas e presas em coque **Flor: Socorro e Cecília. Brincos: Tutti Sposa. Pins: Tutti Sposa.**

Texto: Rebeca Alcoba/ Foto: Manoel Carvalho/ Produção: Luciana Pissinate

Cabelo: Vania de Souza/ Maquiagem: Andréa Malagoni Todos os profissionais são do salão JJ Cabeleireiros.

ENTRADA *triunfal*

Passeie entre os seus convidados como manda a tradição: coroada de beleza, elegância e, principalmente, muito amor!

CRISTAIS

Com base de metal incrustada de strass, o contorno desta grinalda é todo formado por cristais, que deixam a peça mais leve e com um brilho discreto. Desfie uma porção central de todo o topo da cabeça. Então, arrume tudo para trás, assim como as laterais, e insira a coroa, deixando as mechas acima das orelhas. Puxe as duas mechas e cruze, arrematando atrás. As pontas são marcadas com modelador de cachos.
Vestido: Belle Sposa. Brincos: Tutti Sposa. Coroa: Sì! Moda Sposa. Buquê: Rubens Decorações.

LALIQUE

Esta tiara foi deslocada para trás, abrindo espaço para um topete encorpado. Como o cabelo é semipreso, trabalhe toda a porção superior em forma de coque estilizado e prenda acima da nuca. O véu comprido, ótima opção para acompanhar vestidos longos ou que tenham cauda, vem acoplado à grinalda.

Vestido: Black Tie.
Coroa: Regimille.
Brinco: Bella Golzer.

DOURADA

Feita em metal dourado com aplicações de strass, esta é uma grinalda tradiciona. Como a peça é ampla, equilibre as proporções definindo um penteado que concentre o volume na nuca. Reparta o cabelo na lateral e separe duas mechas, para sobrepor a base da coroa. Então, prenda todo o comprimento em coque baixo, deixando as pontas soltas e estilizadas.

Vestido: Belle Sposa.
Coroa: Tutti Sposa.
Brinco: Belle Sposa.
Véu: Sì!Moda Sposa.

GEOMÉTRICA

Arrojada, esta grinalda com motivos geométricos transmite aspectos clean e minimalista, expressos também pelo penteado. Separe uma pequena porção de cabelo, erice e prenda o topete. Em seguida, prenda uma mecha central e deixe outras três soltas no centro da cabeça, para serem arrematadas de baixo para cima. Ajuste tudo no alto e envolva com o acessório, deixando alguns cachos caírem sobre a coroa.

Vestido: Black Tie.
Brinco: Regimille.
Coroa: Belle Sposa.

STRASS

Decorada com strass em pequenas flores, esta tiara envolve o coque em estilo Audrey Hepburn. Erice uma mecha larga do topo da cabeça e prenda as madeixas da nuca para cima. Separe outra porção entre a nuca e o topo, que originará duas trancinhas. A frente é presa debaixo da mecha central, bem ajustada à cabeça. O eriçado forma este coque alto, contornado pelas trancinhas. Esconda as pontas dessas tranças dentro do coque, onde será fixado o véu.

Vestido: Belle Sposa.
Coroa: Regimille.
Brincos: Rosana Negrão.
Véu: Tutti Sposa.

Texto: Rebeca Alcoba/ Foto: Ernesto Kobayashi e Fernanda Venâncio/ Produção: Marjorie Martins/ Cabelo: Antonieta Cassolari (L'Officiel III)/ Maquiagem: Marcelo Justo (L'Officiel III)

CUBRA A *cabeça*

Os acessórios tradicionais de cabelo estão de volta! E acredite: peças poderosas são capazes de deixar qualquer produção ainda mais deslumbrante (e o noivo boquiaberto)

O modelo feito de palha de seda e com abas largas é perfeito para ser combinado com vestidos lisos, de tecidos leves e que valorizam os ombros. Para deixar o visual ainda mais glamouroso, prenda os cabelos em um coque baixo. Assim, estará linda do início ao fim da festa.
Chapéu e vestido: Telma Monteiro.
Brincos: Philipines Bijuterias Finas.

Para conquistar um visual retrô, vale apostar na casquete – tão usada pelas mulheres na década de 1920. A mistura de chapéu com tiara, acompanhada de véu curto e arranjo de flores, é indicada tanto para o dia quanto para a noite.
Casquete: Daisy e Ruth.
Brincos: Nino Bran.

Feitos em todo o seu barrado, os bordados deixam o acessório delicado e de extremo bom gosto. Uma alternativa é usá-la cobrindo parte da testa e o cabelo e com amarração na nuca. Se preferir, deixe as madeixas soltas.
Mantilha e brincos: Tutti Sposa.
Vestido: Telma Monteiro.
Terço: Solaine Piccoli.

Em tom off-white, com flores de tecido e véu de tule curtinho, a cartola ficou superfeminina. Indicada para as comemorações noturnas, ela dá um brilho especial à estrela da noite e surpreende noivo e convidados. Para não se esconder entre chapéu e véu, a melhor opção é um penteado moderno e com volume.
Cartola: Daisy e Ruth.
Arranjo: La Dumaux.
Vestido: Telma Monteiro.

A mantilha usada como véu, cobrindo todo o rosto dá um ar de mistério na entrada da noiva. Para completar a produção, o cabelo foi todo puxado para trás, preso em um coque convencional e enfeitado com uma casquete trabalhada com pedrarias.
Mantilha: acervo.
Casquete: Laís Mota Grinaldas.
Vestido e brincos: Telma Monteiro.

Texto: Lígia Bazotti/ Foto: Viviane Pelissari e Adriano Campos/ Produção: Roberta Gasparini/ Cabelo e maquiagem: Anderson Longo

O voilete se diferencia do véu. Feito com um tipo de tule mais aberto e estruturado e, geralmente, seu comprimento vai até um pouco abaixo dos ombros. Ideal para noivas que preferem fugir da linha tradicional. Usado no topo da cabeça, pode vir acompanhado de arranjo, garras ou coroa.

Voilete: Daisy e Ruth.
Arranjo: Solaine Piccoli.
Vestido: Telma Monteiro.

MUITO ALÉM DO *véu*

Sugestões para quem está disposta a utilizar um penteado com véu, mas, nem por isso, pretende deixar as madeixas presas em um "coquezinho" básico

VÉU LONGO

Indicada para as noivas que não dispensam o tradicional véu comprido, esta opção é bem-vinda também para quem irá apostar na sofisticação de um casamento noturno. Para conseguir este efeito, os fios passaram por uma escova lisa, seguida de bóbis, e foram penteados para trás, onde deram origem a um meio-rabo. Os cabelos que permaneceram soltos ganharam volume ao serem desfiados e, posteriormente, junto das madeixas já presas, foram separados em mechas finas. As pequenas porções, depois de entrelaçadas entre si, formaram os rolinhos do coque.

Brincos: Bella Golzer. Grinalda: Daisy & Ruth. Véu: Sì! Moda Sposa.

VÉU EM CAMADAS

Para criar esta produção, que simula uma "cascata de círculos", foi preciso que as madeixas recebessem o babyliss médio e que, depois de separadas ao meio com uma risca vertical, tivessem as laterais presas com grampos, de maneira a formar dois "rolinhos". O restante dos cabelos, que havia ficado solto na parte detrás da cabeça, foi dividido em pequenas porções, que, levemente torcidas, originaram outros rolinhos depois de presas com grampos. A finalização se deu com o adorno de strass e cristais que precedeu o véu de várias camadas. Aliás, vale lembrar que este tipo de acessório não é aconselhável para noivas que vão realizar a cerimônia no campo ou na praia.
Vestido: Belle Sposa. Brincos: Bella Golzer. Arranjo: Regimille. Véu: Daisy & Ruth.

VÉU CURTO

Cachos desestruturados, feitos com o auxílio de um babyliss médio, serviram de base para este look. Depois de passar pelo "instrumento", as madeixas foram modeladas com pomada estilizante e separadas com uma risca vertical desenhada no topo da cabeça. Os cabelos da parte da frente foram, então, desfiados, e as laterais, levadas para trás, originando dois arremates, um de cada lado da cabeça. Para terminar, a grinalda cravejada de strass abriu espaço para o delicado véu, que, devido ao comprimento curto, é ideal para celebrações realizadas ao ar livre.
Vestido: Belle Sposa. Brincos: Bella Golzer. Arranjo: Regimille. Véu: Daisy & Ruth.

MANTILHA

Depois de passar por uma escova que conferiu ondas suaves às pontas e volume à raiz, os cabelos, divididos por uma risca vertical, foram levados para trás, onde os do topo formaram um meio-rabo. As laterais, que permaneciam soltas, finalizaram o visual ao serem colocadas na parte detrás da cabeça e presas com grampos, de maneira a criar círculos. O tom sofisticado ficou por conta das garras, colocadas antes que a mantilha cobrisse o penteado, deixando-o perfeito para quem está à procura de uma proposta tradicional e glamourosa.

Vestido e mantilha: Belle Sposa. Brincos e arranjo: Regimille.

Texto: Eloisa Rangel/ Foto: Adriana Barbosa/ Produção: Luciana Pissinate/ Cabelo: Antonieta Caçolari (L'Officiel III)/ Maquiagem: Antonio Carlos (L' Officiel III)

VÉU VOLUMOSO

Nesta produção, as madeixas, que passaram por uma escova lisa reforçada por bóbis, foram separadas por uma risca horizontal feita no topo da cabeça. Os cabelos da parte detrás precisaram, então, ser divididos em duas camadas: a de baixo, bem mais grossa, ficou presa em um rabo, e a outra, além de dar origem a outro arremate, foi desfiada com um pente de dentes finos. Depois, os fios da porção inferior foram separados em seis mechas médias que após serem desfiadas e de terem recebido borrifadas de spray, tiveram as pontas presas com grampos, junto ao rabo da parte de cima. Para terminar, algumas mechas que se mantiveram soltas formaram um nó por cima do penteado.

Vestido: Belle Sposa. Brincos e tiara: Glaucia Collection. Véu: Daisy & Ruth.

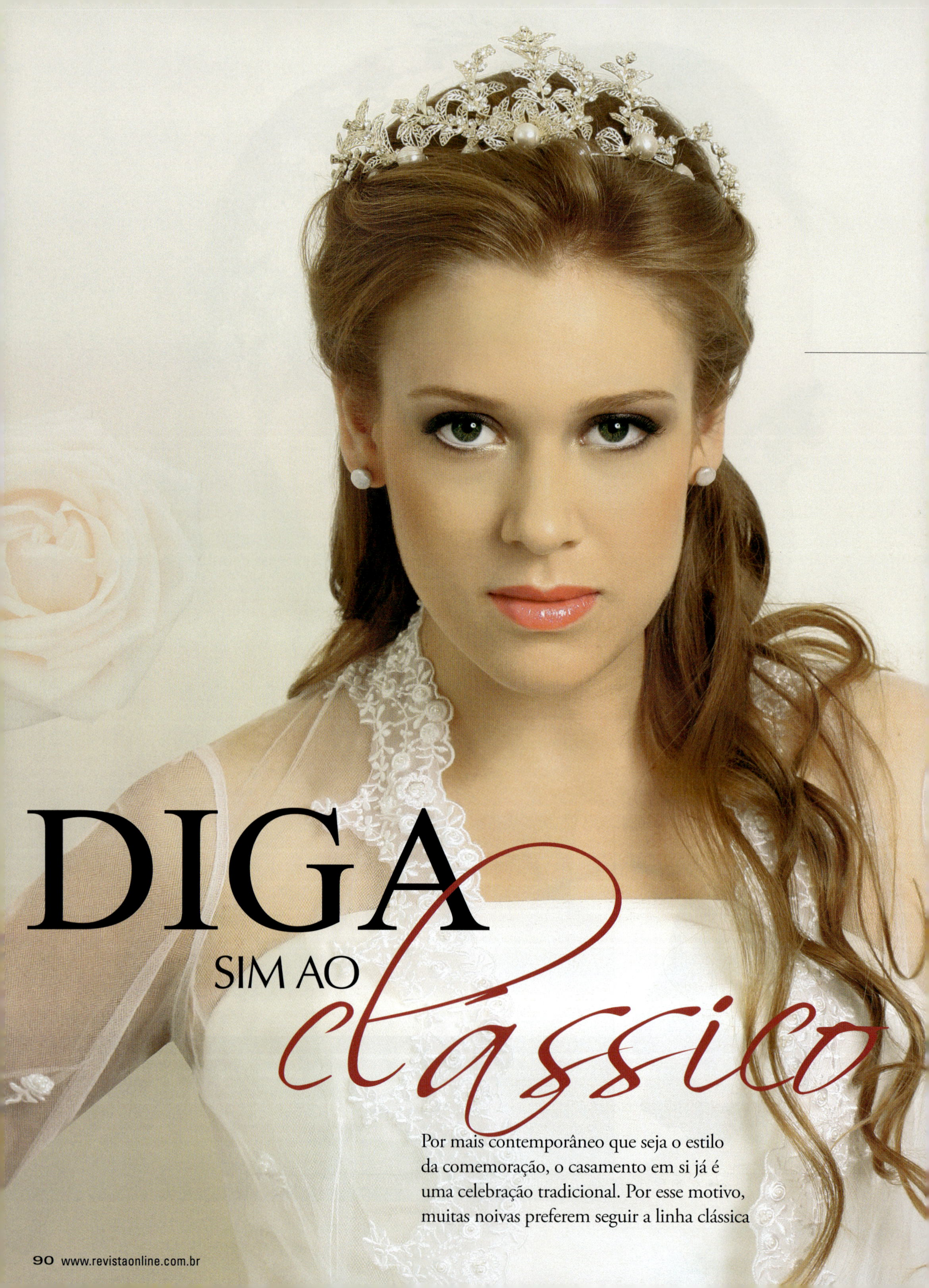

DIGA SIM AO *clássico*

Por mais contemporâneo que seja o estilo da comemoração, o casamento em si já é uma celebração tradicional. Por esse motivo, muitas noivas preferem seguir a linha clássica

Modelados por um babyliss médio, o penteado da página ao lado ganhou movimento e volume – aspecto que pode ser mantido até o final da festa com a ajuda de um spray fixador. Os fios da parte da frente foram torcidos e presos atrás da cabeça, formando um volume alto e natural na franja. Para completar o glamour, uma tiara com cristais e pérolas.
Tiara: Solaine Piccoli.
Vestido: Black Tie.
Casaco: Belle Sposa.
Brincos: Bella Golzer.

Quando o assunto é penteado, nada mais clássico que um coque alinhado, sem um fio sequer fora do lugar. O cabelo todo puxado para trás e unido em um grande coque dá, sem dúvida, muito requinte à produção, que combina com qualquer hora do dia, assim como a casquete em formato de X, que dispensa pedrarias, mas tem o discreto brilho do cetim.
Casquete: Daisy e Ruth.
Vestido: Black Tie.
Camisa: Tutti Sposa.
Brincos: Philipines Bijuterias Finas.

Quem não quer fugir do tradicional, mas prefere dar um ar despojado ao look, pode se inspirar à vontade neste cabelo com fios ondulados. As madeixas foram puxadas para trás – exceto a franja – e torcidas em um rabo de cavalo alto, deixando as pontas soltas e aneladas com babyliss. A franja lisa foi posicionada para uma das laterais, mas, se preferir, pode formar um topete alto para o lado ou para trás.

Garras: Tutti Sposa.
Vestido: Solaine Piccoli.
Gola: La Dumaux.
Brincos: Koiza Linda.

Mais uma versão de coque para mostrar o quanto o penteado é luxuoso e tradicional, principalmente para noivas. Esta opção foi presa bem no alto da cabeça – que proporciona ainda mais elegância –, com os fios espalhados, deixando o coque largo e perfeitamente redondo. Para incrementar, opte por fivelas, brilhos, garras, fitas de cetim ou tiaras.

Arranjo: Solaine Piccoli.
Vestido: Telma Monteiro.
Brincos: Morana.

As ondas marcadas, muito usadas nos anos 1920, criam um visual romântico e proporcionam charme de sobra. Para fazê-las, basta escovar os cabelos e modelar os fios, prendendo-os com grampo e fixando com spray. Aguarde cerca de 20 minutos antes de soltar; enquanto isso, finalize o penteado, dando a impressão de cabelo curto. As flores com cristais Swarovski complementam o look com muita pompa.
Brincos: Laís Mota Grinaldas.
Arranjo: Telma Monteiro.

Simples e chique, o rabo de cavalo é a preferência de muitas mulheres. Para não parecer um penteado do dia a dia, ele ganha arremate com fios em torno do elástico, formando uma espécie de coque bem fofinho. Para assegurar e enfeitar os fios puxados para trás, escolha um arranjo que envolva o topo da cabeça e dê graça e brilho ao seu look.
Arranjo: Laís Mota Grinaldas.
Vestido: Black Tie.
Bolero: Solaine Piccoli.
Brincos: Tutti Sposa.

Texto: Lígia Bazotti/ Foto: Viviane Pelissari e Adriano Campos/ Produção: Roberta Gasparini/ Cabelo: Antonieta Calçolari/ Maquiagem: Antônio Carlos Camargo (L'Officiel III)

GLAMOUR *soft*

Cabelos mais frouxos, com mechas trabalhadas e finalização suave, tudo decorado com plumas. Aproveite, pois elas voltaram de cara nova, sintéticas e leves, porém muito luxuosas

Nesta proposta, o volume se concentra na parte de trás, evidenciado pelo contorno de plumas. Reparta o cabelo na lateral e assente todos os fios na nuca com grampos em linha horizontal. Separe duas mechas acima das orelhas e cruze-as. Em seguida, basta uni-las às demais madeixas para formarem o coque baixo.
Arranjo: Sabrina Chapéus e Grinaldas.
Brincos: Belle Sposa.

A tônica deste look é a sensação de frescor transmitida pelo cabelo preso no alto e pelas plumas esvoaçantes, alternadas entre os fios: ótima opção para destacar o colo e a nuca. Erice bastante o topete e penteie para trás. Em seguida, erga o restante das madeixas e prenda mecha a mecha com grampos na vertical. Mantenha as pontas soltas, acompanhando o movimento do acessório.
Garras: Sabrina Chapéus e Grinaldas
Brincos: Rosana Negrão.

Uma releitura da década de 1920, com ondas menos marcadas, em que as plumas estreitas aparecem em duas garras de tonalidade off-white fixas somente de um lado da cabeça. Para formar a base, escove o cabelo e faça rolinhos. Após o período de fixação, solte os cachos com os dedos, deixando um franjão liso na lateral.
Garras: Daisy e Ruth.
Brincos: Bella Golzer.

Quebre o estilo comportado do coque-banana com a mistura de plumas e brilhos trazida por este arranjo lateral. Ele complementa e valoriza o cabelo, formado por um topo encorpado e preso em rolo único.
Arranjo: Daisy e Ruth. Brincos: Rosana Negrão.

O topete alto ganha mais corpo e cria um penteado semipreso acima da nuca. Esconda as pontas deste topo com grampos e aplique o arranjo junto ao arremate. Defina as mechas soltas com o auxílio de rolinhos, a fim de conquistar um aspecto mais natural. **Arranjo: Belle Sposa. Brincos: Sì! Moda Sposa. O vestido utilizado na matéria: Tutti Sposa.**

Texto: Rebeca Alcoba/ Foto: Mônica Antunes/ Produção: Marjorie Martins/ Cabelo: Paulo Persil (Persil&Co.)/ Maquiagem: Cristiano Silva

SEMPRE *bela*

Independentemente da idade, a noiva pode realçar a sua beleza com propostas discretas e elegantes. Adote a postura que combina com o seu momento

Texto: Rebeca Alcoba/ Foto: Manoel Carvalho/ Produção: Luciana Pissinate/ Cabelo: Paulo Persil (Persil&Co.)/ Maquiagem: Cristiano Siva

Esta produção é indicada para um casamento diurno, de preferência em local aberto. O cabelo foi escovado e enrolado com bóbis, em seguida, preso em coque estilizado e finalizado pelo chapéu. Segundo o cabeleireiro Paulo Persil, para que o chapéu fique bem nos cabelos longos, o penteado ideal é um coque baixo ou um rabo de cavalo.
Chapéu: Daisy e Ruth.

O cabelo da página ao lado traz um ar levemente despenteado, com mechas desconectadas estrategicamente. O fato de estar semipreso suaviza a expressão e rejuvenesce. As ondas que marcam o comprimento dos fios foram conquistadas com babyliss e pomada. **Acessório de cabelo e brincos: Belle Sposa.**

Ideal para uma celebração à tarde, o penteado é conseguido a partir de uma base feita com babyliss de ondas largas e presa em coque romântico rasgado em ondas, criando equilíbrio com formas e volumes. **Vestido: Black Tie. Garras: Daisy e Ruth. Brincos: Emar Batalha.**

Foto: Adriano Campos/ Produção: Luciana Pissinate/ Assistente de produção: Luciana Monzillo/ Cabelo: Paulo Persil (Persil & Co.)/ Maquiagem: Orlando Rosseto (Persil & Co.)

LUZ *negra*

Revele toda a sua beleza com penteados que se ajustam aos cabelos crespos, seja qual for o seu estilo

SEMIPRESO

Esta proposta prova que é possível prender o cabelo *black power* e manter o formato natural em evidência. Na opção, ele foi trabalhado para o lado. Arremate com grampos, formando um recorte assimétrico. As garras devem ser posicionadas em sequência, partindo da testa.

Vestido: Sì! Moda Sposa.
Arranjo: Daisy e Ruth.
Brincos: Tutti Sposa.

BLACK TOTAL

Mais natural impossível! Para assumir o estilo, primeiramente cuide da estrutura capilar, caprichando na hidratação. Lave os cabelos, aplique formatador de cachos e seque com um difusor. Um simples acessório com brilho é uma boa maneira de tornar a proposta mais sofisticada.

Arranjo: Tutti Sposa.

CACHEADO

Após a realização da escova, formate os fios em ondas largas, aplicando spray de forte fixação. Separe uma porção da parte de trás e, na frente, faça uma risca central. Então, cruze as laterais por baixo da mecha separada e arremate-a no alto, acompanhando o cacheado. Ao final, fixe as duas garras nas laterais.

Vestido: Si! Moda Sposa.
Acessório de cabelo: Belle Sposa.
Brincos: Regimille.

LISO E BEM-CUIDADO

Penteie a porção acima da orelha para trás e entrelace-a, a fim de formar uma base. Depois, reparta em mechas largas para transpassar, porém deixe-as bem fixas na cabeça, permitindo o ajuste do acessório. **Vestido: Si! Moda Sposa. Casquete e brincos: Rosana Negrão.**

Texto: Rebeca Alcoba/ Foto: Viviane Pelissari/ Produção: Marjorie Martins/ Cabelo: Vilson Munis/ Maquiagem: Renata Boschin

FRESH *style*

Os dias quentes pedem suavidade. Tranças e coques, aliados a uma maquiagem leve, porém marcante, garantem o frescor necessário para manter o look impecável, os fios alinhados e a pele à prova de calor

SEMIPRESO TRANÇADO

A base modelada cria o alicerce perfeito para o preparo da trança. O movimento fica localizado no comprimento, enquanto a pomada, aplicada no topo da cabeça, garante o efeito antifrizz.

Acessórios de cabelo e brincos: Bella Golzer. Vestido: Tutti Sposa.

COQUE GREGO

Cheio de textura e volume, esta opção é bem-vinda em casamentos mais glamourosos. O balanço sutil dos cachos é adornado pelo arranjo, que garante a sustentação necessária para curtir a festa toda com um penteado indefectível.

Acessório de cabelo, brincos e vestido: Bela Noiva.

COQUE ROMÂNTICO

Deixando a nuca descoberta, o coque é uma aposta certeira para dias de temperatura elevada. As ondas deixam o visual suavemente trabalhado, porém, não estático. Arrematado pela tiara dupla, a bride fica com ares de bailarina.
Tiara: Casa Vasconcellos.
Brincos: The Madam Designer.
Vestido: Atelier Jardim Secreto.

Pode apostar!

Para o verão 2014, os beauty artists garantem: lábios coloridos, olhos delineados, pálpebras discretamente brilhantes e detalhes rosados não podem faltar na make. As tonalidades abertas, como laranja e coral, dão vida ao rosto.

TRANÇA GREGA

Despojado, o entrelaçado desta proposta deixa o rosto mais longilíneo e faz o olhar deslizar pelo comprimento dos fios. Eis uma alternativa para quem faz questão dos fios soltos, mas não quer passar calor.

Brincos Flores: Durval Calçados Finos.
Brincos: Rosana Negrão.
Vestido: New Star.

por: Danielle Cerati foto: Manoel Carvalho produção: Luciana P[illegible]a Benzi tratamento de imagem: Bárbara Martins beleza: Paulo Persil e Orlando Rosseto (Persil Hair & Beauty) m[illegible] Marques (Mega Model Brasil)

HORA DE *brilhar*

Inspire-se nas estrelas de Hollywood que desfilaram com penteados glamourosos

CATE BLANCHETT

Ganhadora na categoria de melhor atriz, Cate era uma das mais lindas no red carpet, provando que os fios soltos também podem ser maravilhosos. Eles foram marcados com baby liss de ondas largas, que depois foram soltas e escovadas. A tiara arremata a produção com ares de diva.

Arranjo de cabelo e vestido: Bela Noiva.
Brincos: The Madam Designer.

AMY ADAMS

A estrela de Hollywood optou por um coque do tipo banana, mas deu um toque a mais ao cabelo ao usar a raiz voltada para a lateral com uma onda volumosa. O penteado é perfeito para quem quer usar um arranjo em destaque arrematando os fios.

Arranjo de cabelo, brincos e vestido: Bela Noiva

JENIFER LAWRENCE

A atriz usou os fios voltados para trás com a frente desfiada e com volume. Para quem busca um penteado elegante, mas quer manter um ar jovem, é uma boa pedida. Nesse caso, os arranjos de flores são a escolha certeira para ganhar ainda mais charme.

Arranjo de cabelo: Di Lima Acessórios.
Brincos: The Madam Designer.
Vestido: Bela Noiva.

JULIA ROBERTS

A veterana do cinema desfilou os fios – que estavam loiros e não ruivos como sempre – em um coque baixo, soltinho, com a franja lisa e sem volume, jogada de lado com um leve ondulado.

O penteado é descontraído, porém delicado e pode receber arranjos na parte de trás.

Arranjo de cabelo: Di Lima Acessórios.
Brincos e vestido: Bela Noiva.

por: Luciana Albuquerque Foto: Rodrigo Estrella Produção: Luciana Pissinate arte: Angela C. Houck tratamento de imagem: Bárbara Martins Beleza: Paulo Persil (cabelo) e Diego Abramovich (maquiagem), do Persil Hair and Beauty Modelo: Gabriela Tomilin (Mega Model Brasil)

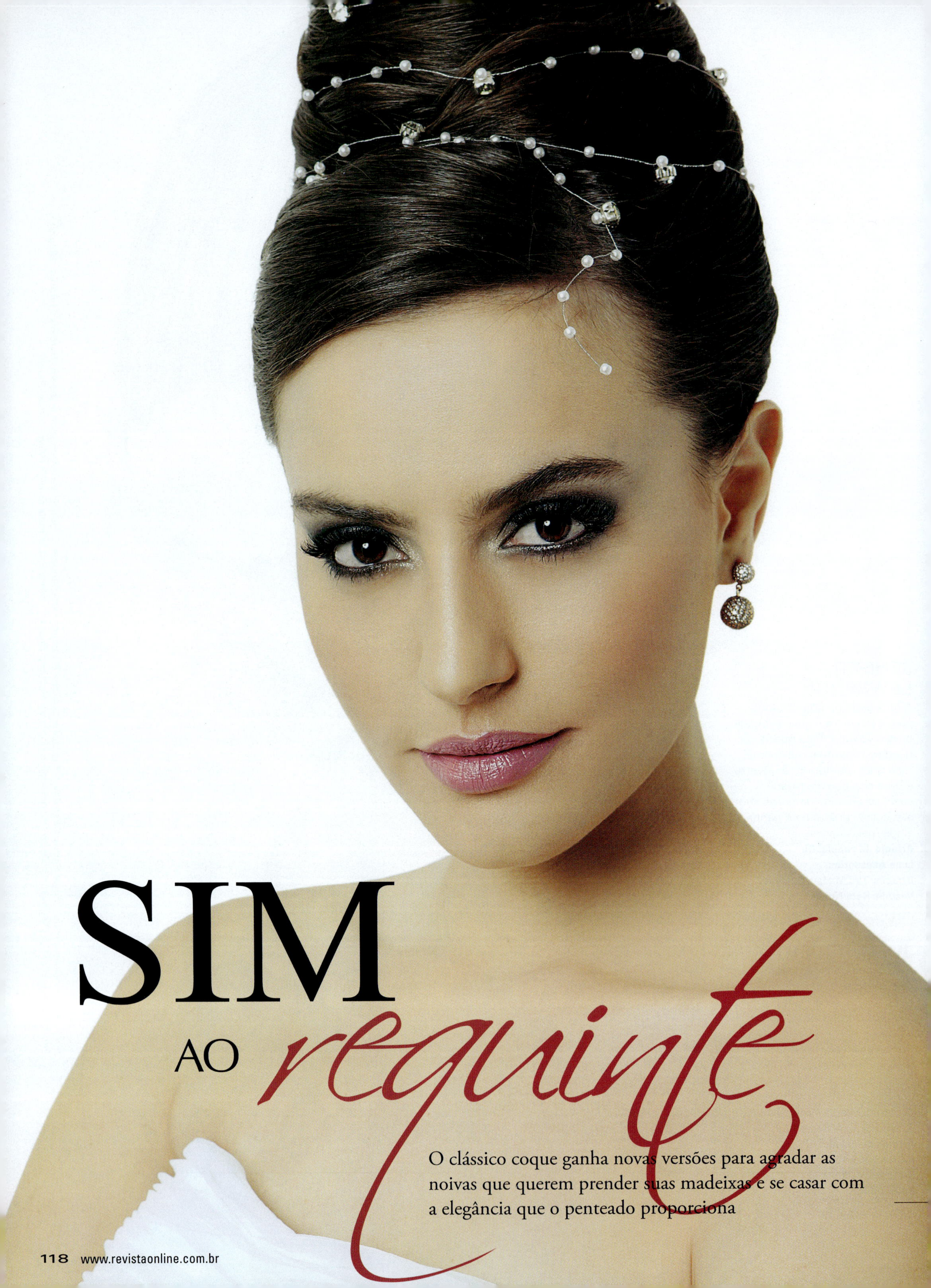

SIM AO *requinte*

O clássico coque ganha novas versões para agradar as noivas que querem prender suas madeixas e se casar com a elegância que o penteado proporciona

INSPIRAÇÃO ESPANHOLA

O coque baixo ganhou volume expressivo na nuca e nas laterais com efeito de mechas transpassadas de forma irreverente. Tendo mais comprimento do que o coque tradicional, o penteado destacou o uso do arranjo de cristais e pérolas. Os olhos foram delineados com traço largo e destacados com sombra perolada. Já a boca, ganhou batom vermelho de efeito mate.

Arranjo de cabelo: Cyntya Verçosa.
Brincos: Anarella.
Vestido: Black Tie.

NINHO ESTILOSO

Os fios foram escovados e presos em um coque alto com movimento circular e bastante volume, contrastando com franja, quase grudada no couro cabeludo.

Um arranjo de cristais e pérolas contornou o penteado. Os olhos, por sua vez, foram marcados com sombras preta e prata esfumadas e iluminador no canto interno, enquanto a boca ganhou um batom em tom de lavanda.

Arranjo de cabelo: Di Lima Acessórios.
Brincos: Anarella.
Vestido: Black Tie.

ESTILO IMPERIAL

Os fios foram cacheados e presos em um coque alto com um arranjo de cristais e pérolas. A frente lisa, dividida no meio e com um delicado volume, levou suavidade e romantismo ao look.

Os olhos foram marcados e esfumados com sombras preta e cinza e, para harmonizar, os lábios ganharam gloss rosado.

Arranjo de cabelo: Cyntya Verçosa. Brincos: Keiko. Vestido: Belle Sposa.

SIMPLESMENTE CHIC

SESSENTINHA REPAGINADO

O penteado foi trabalhado com volume na raiz e no coque, criado com enchimentos fakes, e mechas do cabelo envoltas à base com um efeito rasgado. Dois pentes de laços arremataram com delicadeza a produção. Já a maquiagem destacou os lábios com o batom uva, os olhos com lápis prata e delineador preto, e a pele com iluminador, que conferiu brilho e realçou a beleza da noiva.
Arranjo de cabelo: Renata Bernardo. Brincos: Keiko. Vestido: Belle Sposa.

por: Luciana Albuquerque foto: Mônica Antunes produção: Luciana Pissinate arte: Jéssica Benzi tratamento de imagem: Bárbara Martins beleza: Paulo Persil (cabelo) e Diego Borges (maquiagem), do Persil Hair and Beauty modelo: Francine Gomes (L'Equipe Agence)

AROMA *floral*

Em clima de primavera, exalte a beleza das flores em diferentes penteados, que dão feminilidade e romantismo ao seu look de noiva

Os fios foram cacheados e presos em uma trança moderna e larga com a raiz alta, criando um penteado charmoso e sofisticado. Casamentos ao ar livre, no fim da tarde ou começo da noite merecem um pouco mais de glamour, por isso, em vez de flores naturais, foram usadas as de tecido. Com tons de coral no batom e blush, o make destacou os olhos com delineador e cílios postiços.
Arranjo de cabelo: Tula Casqueteria.
Brincos: Ulalá.
Vestido: Belle Sposa.

O coque com a raiz alta é pura elegância e, arrematado pelo arranjo de flores naturais, é indicado para uma cerimônia de dia, que tenha um clima mais sofisticado. O make foi trabalhado com tons de rosa e orquídea, combinando com o arranjo e deixando a produção ainda mais romântica.
Arranjo de cabelo: Flor e Forma.
Brincos: Bella Golzer.

por: Luciana Albuquerque foto: Manoel Carvalho produção: Luciana Pissinate arte: Angela C. Houck tratamento de imagem: Bárbara Martins beleza: Ari Persan (cabelo) e Alex Cardoso (maquiagem), do Square Hair and Care modelo: Maria Eduarda Kern (Mega Model Brasil)

Um penteado pra lá de elegante, o coque baixo é clássico e eterno, combinando bem com qualquer tipo de casamento. O efeito rasgado dos fios cria um ar mais atual para o look, que foi arrematado por um fascinator no topo da cabeça. Já o make destacou os olhos com sombra esfumada e conferiu um ar bronzeado, deixando a boca nude.
Arranjo de cabelo: Tula Casqueteria.
Brincos: Ulalá.
Vestido: Atelier Viella Bernardes.

FIOS *trançados*

Elas são e sempre serão sinônimos de romantismo. Mas novas versões, repletas de bossa, provam que as tranças conseguem se reinventar para causar o efeito que você quiser.

TIARA DE TRANÇA

Ondas suaves, soltas de maneira a eliminar qualquer frizz, são a base deste penteado superelegante. Uma trança lateral embute toda a parte da frente do cabelo, criando o efeito tiara. Nos olhos marcados, o delineador e a sombra escura confirmam a personalidade da proposta e pedem a companhia do batom coral.
Arranjo de cabelo e brincos: Bela Noiva. Vestido: Atelier Jardim Secreto.

TRANÇA ASSIMÉTRICA

Bem marcadas e dispostas em uma das laterais, as mechas entrelaçadas ganham leveza e movimento, características ressaltadas também pela maquiagem. Iluminada, a pele entra em equilíbrio com os olhos, dourados e esfumados de marrom, e com a boca neutra.
Arranjo de cabelo: Di Lima Acessórios. Brincos: Bela Noiva. Vestido: Atelier Jardim Secreto.

COQUE GREGO DE TRANÇAS

Feita da raiz às pontas, a espiral de trança não só atualiza o tradicional coque, como torna o look ingênuo. A maquiagem de ollhos intensos, mas doces, e boca rosa acompanham o estilo do penteado.
Arranjo de cabelo: Di Lima Acessórios. Brincos e vestido: Bela Noiva.

TRANÇA DE RAIZ

Torcidas de forma irreverente, as mechas colocam em xeque qualquer ideia de rigidez. O arranjo confere ousadia à produção e casa perfeitamente com a maquiagem glamourosa. O esfumado preto e opaco dos olhos deixa o caminho livre para a sombra marrom com leve toque de laranja harmonizar com a boca vibrante.
Arranjo de cabelo: Di Lima Acessórios. Brincos e vestido: Bela Noiva.

beleza: Paulo Persil e Will Veiga (Persil Hair & Beauty) modelo: Renata Longaray (Mega Model Brasil)

A Montanhesa Design Floral
www.amontanhesa.com

Anarella
Tel.: (11) 3742-2976;
www.anarellaonline.com.br

Atelier Jardim Secreto
www.jardim-secreto.com

Atelier Marco Apollonio
www.ateliermarcoapollonio.blogspot.com

Atelier Viella Bernardes
www.viellabernardes.com.br

Bela Noiva
Tel.: (11) 3228-0656;
www.belanoiva.com.br

Bella Golzer
Tel.: (11) 3672-6848;
www.bellagolzer.com.br

Belle Sposa
Tel.: (11) 3062-8444;
www.bellesposa.com.br

Black Tie
www.blacktie.com.br

Camila Klein
www.camilaklein.com.br

Casa Vasconcellos
www.casavasconcellos.com.br

Cyntya Verçosa
www.cyntyavercosa.blogspot.com

Daisy & Ruth
Tel.: (11) 3812-4115

DiLima
Tel.: (11) 3088-4832;
www.dilimaacessorios.blogspot.com

Durval Calçados
www.durvalcalcados.com.br

Edelweis
www.edelweis.com.br

Emar Batalha
Tel.: (11) 3081-4529;
www.emarbatalha.com.br

Flor e Forma
www.floreforma.com.br

Glaucia Collection
www.lushbydesign.com/glaucia-collection/

Ilha das Noivas
Tel: (11) 2228-7935
www.impressionmoda.com.br

J. J. Cabelereiros
Tel.: (11) 3079-9042;
www.jjcabeleireiros.com.br

Keiko
www.keikoatelie.com.br

Koiza Linda Acessórios
www.koizalinda.com.br

La Dumaux
www.ladumaux.com

Laís Mota Grinaldas
www.laismota.com.br

Maison das Noivas
www.maisondasnoivas.com.br

Morana
www.morana.com.br

New Star
www.newstarfashion.com.br

Nino Bran
Tel.: (11) 3171-0066

Nova Noiva
www.novanoiva.com.br

Paulo Persil
www.paulopersil.com.br

Philipines Bijuterias Finas
www.philipines.com.br

Regimille
www.regimille.com.br

Renata Bernardo
Tel.: (11) 2373-0831;
www.renatabernardo.com.br

Rosana Negrão
Tel.: (011) 2165-8188;
www.rosananegrao.com.br

Rubens Decorações
www.rubensdecoracoes.com.br

Sabrina Chapéus e Grinaldas
Tel.: (11) 5055 9177

Sí Sposa
Tel.: (11) 5051-6628;
www.sisposa.com.br

Solaine Piccoli
www.solainepiccoli.com.br

Talento Noivas
www.talentonoivas.com.br

Telma Monteiro
www.telmamonteiro.com.br

The Madam Designer
www.themadam.com.br

Tula Casqueteria
tulacasqueteria.com

Tutti Sposa
Tel.: (11) 2671-8800;
www.tuttisposa.com.br

Ulalá
www.ulalastore.com.br

On line EDITORA

Presidente: Paulo Roberto Houch
Vice-Presidente Editorial: Andrea Calmon
redacao@editoraonline.com.br

REDAÇÃO
Jornalista Responsável: Andrea Calmon – MTB 47714
Editora: Aline Ribeiro
Redatora: Evelyn Moreto
Estagiárias: Andressa Anjos e Priscila Moraes

PROGRAMAÇÃO VISUAL
Coordenador de Arte: Renato Marcel
diagramacao@editoraonline.com.br

ESTÚDIO FOTOGRÁFICO
Fotógrafa: Fernanda Venâncio

PRODUÇÃO FOTOGRÁFICA
Coordenadora: Elaine Simoni
elainesimoni@editoraonline.com.br

COLABORARAM NESTA EDIÇÃO:
Texto: Danielle Cerati, Eloisa Rangel, Kelen Trevisan, Lígia Bazotti, Luciana Albuquerque, Mônica Luz e Rebeca Alcoboa
Fotos: Adriana Barbosa, Adriano Campos, Ernesto Kobayashi, Manoel Carvalho, Moisés Pazianotto, Mônica Antunes, Rodrigo Estrella e Vivi Pelissari
Assistente de foto: Juliana Ayres
Produção: Aldeline Carbonari, Luciana Pissinate, Marjorie Martins e Roberta Gasparini
Assistentes de produção: Marcela Kalckmann e Luciana Monzillo
Arte: Angela C. Houck, Giselly Motta e Jéssica Benzi
Tratamento de imagem: Angela C. Houck, Bárbara Martins e Giselly Motta

PUBLICIDADE
Gerente Comercial: Elaine Houch
Supervisores: Bernard Correa e Gisele França
Agências: agencia@editoraonline.com.br
Executivos de Contas : Antonio Demésio, Camila Vinhas e Luciana Lemes
Operações Comerciais: Joelma Lima
Designer Gráfico Publicidade : Wesley Sosin
Representantes: Brasília - (61) 3034-3704
Rio de Janeiro – (21) 3598-1172
Rio Grande do Sul - (51) 3374-5672

MARKETING
Supervisor de Marketing: Vinícius Fernandes
Assistente de Marketing: José Antônio da Silva

CANAIS ALTERNATIVOS
DEP. VENDAS Luiz Carlos Sarra
(11) 3687-0099
vendaatacado@editoraonline.com.br

LOGÍSTICA E ARMAZENAGEM Luiz Carlos Sarra
luizcarlos@editoraonline.com.br

ADMINISTRAÇÃO
Diretora Administrativa: Jacy Regina Dalle Lucca
financeiro@editoraonline.com.br

CRÉDITO E COBRANÇA cobranca@editoraonline.com.br

ASSINATURAS CORPORATIVAS
Consulte sobre descontos e condições especiais, entre em contato e solicite uma proposta direto com o IBC (11) 3393-7717 ou através do e-mail.: pamelacorrea@editoraonline.com.br

ASSINATURAS: assinatura@editoraonline.com.br

Impresso por **PROL**
Distribuição no Brasil por **Dinap**

Guia de Cabelos para Noivas é uma publicação do IBC - Instituto Brasileiro de Cultura Ltda. – Caixa Postal 61085 – CEP 05001-970 – São Paulo – SP – Tel.: (0**11) 3393-7777

Números Atrasados com o IBC ou por intermédio do seu jornaleiro ao preço da última edição acrescido das despesas de envio.
Para adquirir com o IBC – www.revistaonline.com.br, Tel.: (0**11) 3512-9477 ou Caixa Postal 61085 - CEP 05001-970 - São Paulo - SP.